BEI GRIN MACHT SICH IHR WISSEN BEZAHLT

AF144780

- Wir veröffentlichen Ihre Hausarbeit,
  Bachelor- und Masterarbeit

- Ihr eigenes eBook und Buch -
  weltweit in allen wichtigen Shops

- Verdienen Sie an jedem Verkauf

Jetzt bei www.GRIN.com hochladen
und kostenlos publizieren

Bibliografische Information der Deutschen Nationalbibliothek:

Die Deutsche Bibliothek verzeichnet diese Publikation in der Deutschen National-
bibliografie; detaillierte bibliografische Daten sind im Internet über http://dnb.d-
nb.de/ abrufbar.

Impressum:

Copyright © 2013 GRIN Verlag, Open Publishing GmbH
Druck und Bindung: Books on Demand GmbH, Norderstedt Germany
ISBN: 978-3-668-11389-3

Dieses Buch bei GRIN:

http://www.grin.com/de/e-book/312403/einfuehrung-in-die-internet-programmie-
rung-webdesign-html-css-javascript

Eugen Grinschuk, Daniel Falkner

Einführung in die Internet-Programmierung. WebDesign, HTML, CSS, JavaScript, SEO

GRIN Verlag

GRIN - Your knowledge has value

Der GRIN Verlag publiziert seit 1998 wissenschaftliche Arbeiten von Studenten, Hochschullehrern und anderen Akademikern als eBook und gedrucktes Buch. Die Verlagswebsite www.grin.com ist die ideale Plattform zur Veröffentlichung von Hausarbeiten, Abschlussarbeiten, wissenschaftlichen Aufsätzen, Dissertationen und Fachbüchern.

Besuchen Sie uns im Internet:

http://www.grin.com/

http://www.facebook.com/grincom

http://www.twitter.com/grin_com

Erstellung einer Webseite für ein Busunternehmen

Assignment im Modul INT02 -
Einführung in die Internet-Programmierung

Daniel Falkner

und

Eugen Grinschuk

27. August 2013

Inhaltsverzeichnis

Abbildungsverzeichnis

Abkürzungsverzeichnis

CMS   Content Management System

CSS   Cascading Style Sheet

DOM   Document Object Model

HTML   Hyper Text Markup Language

PHP   Hypertext Preprocessor

SEO   Search Engine Optimization

W3C   World Wide Web Consortium

1   Einleitung

1.1   Einführung in das Thema

Eine Webseite ist heutzutage unabdingbar, insbesondere für Unternehmen, Freiberufler und Selbstständige. Denn mit einer Webseite präsentieren sie sich im Internet, stellen dabei sich und ihre Produkte und Dienstleistungen vor. Damit können neue Kundenbeziehungen hergestellt und neue Umsatzwege geschaffen werden.

1.2   Problemstellung und Ziel dieser Arbeit

Die Problemstellung dieser Arbeit ist, dass keine Webseite für die Präsentation von unternehmenseigenen Produkten vorliegt. Des Weiteren sind keine professionellen Hilfswerkzeuge für die Erstellung einer Webseite vorhanden. Das Ziel ist die Konzeption einer Webseite ohne professionelle Hilfswerkzeuge wie zum Beispiel eines Content Management System (CMS) [1] oder einem speziellen Editor zum bequemen Erstellen der Webseite nach den standardisierten Vorgaben der World Wide Web Consortium (W3C) aufzubauen. Dabei müssen Unterseiten erstellt werden, in denen Informationen über das Unternehmen, Reiseziele, Unterkünfte, Busse, Preise und Buchungsmöglichkeiten abgerufen werden können.

1.3   Aufbau der Arbeit

Im Grundlagenteil wird auf einige wichtige Vorüberlegungen eingegangen, die vor der Erstellung der Webseite gemacht werden müssen. Im Hauptteil sind die Strukturen der Webseite und die verwendeten Hilfswerkzeuge zur Erstellung der Webseite beschrieben. Der Schluss beinhaltet eine Zusammenfassung, eine kritische Würdigung sowie einen Ausblick auf weitere Optimierungen. Die erreichten und erkennbaren Erfolgsfaktoren werden im Schlussteil aufgeführt.

---

[1] hilft bei der Verwaltung und Pflege der Webseite

2 Grundlagen

2.1 Vorüberlegungen

Bevor mit der Programmierung der Webseite begonnen werden kann, sind wichtige Vorüberlegungen anzustellen. Die Zielgruppe, das Design und der Aufbau der Webseite sowie die rechtlichen Grundlagen müssen im Vorfeld klar definiert sein. Das ist deshalb so wichtig, da sonst zu viel Zeit in die Entwicklung der Webseite gesteckt wird, welche nicht den Vorstellungen entspricht oder ihren Zweck verfehlt. Dabei wurde die Zielgruppe im Hinblick auf die Altersgruppe nicht eingeschränkt.

2.2 AIDA-Prinzip

Damit die Webseite und die darauf angebotenen Produkte und Dienstleistungen den Kunden zum Verweilen auf der Webseite einladen und sein Interesse wecken, ist es wichtig, diese interessant und differenziert zu den Wettbewerbern zu gestalten. Wenn Produkte und Dienstleistungen direkt über die Webseite bezogen werden können, ist das AIDA-Prinzip [2] [3] [4] ein wichtiges Instrument dafür. Je länger ein Besucher auf der Webseite verweilt und sich informiert, desto höher ist die Chance, dass er den Wunsch äußert, dieses Produkt oder Dienstleistung zu erwerben. Ebenso ist es möglich, dass er zum jetzigen oder späteren Zeitpunkt eine Bestellung auslöst.

2.3 Usability

Für den Erfolg einer Webseite ist es von entscheidender Bedeutung, dass sich die Besucher auf dieser wohlfühlen. Das heißt, dass die potentiellen Kunden der Webseite auf alle öffentlich zugänglichen Unterseiten navigieren können. Die letzte Ebene muss in maximal 4 - 5 Klicks erreicht werden können. Außerdem sind zu lange Ladezeiten zu vermeiden, ansonsten könnte der Besucher die Webseite verlassen. Da blinde Menschen die Webseite ebenfalls aufrufen können, ist es wichtig, dass Links und Bilder

---

[2] AIDA = Attention (Aufmerksamkeit), Interest (Interesse wecken), Desire (Besitzwunsch erwecken), Action (Kunde kauft)

[3] [Kester, 2006]

[4] [Gabler Wirtschaftslexikon AIDA-Regel, 2013]

mit entsprechenden Tags [5] versehen werden. Die Webseite muss seriös wirken und frei von Fehlern sein. Außerdem ist die Menüstruktur so zu wählen, dass diese klar und in verständlicher Weise geschrieben und angeordnet ist. Beim Klick auf den jeweiligen Bereich muss der Besucher auf die zu erwartende Unterseite gelangen.

2.4 Ergonomie

Die Ergonomie einer Webseite ist bedeutsam für das längere Verweilen auf dieser. Denn ein schwer lesbarer Text oder eine unglücklich gewählte Farbkombination mit schlechtem Kontrast, der die Augen zu sehr belastet, lässt den Besucher die Webseite schnell wieder verlassen. Klar verständlicher Text, orthografisch und grammatikalisch korrekt mit einer begreiflichen und aussagekräftigen Navigation verlängern die Aufenthaltsdauer des Besuchers. Ein gut gewählter Kontrast mit thematisch passenden Farben und Bildern verlängern ebenfalls die Aufenthaltsdauer.

2.5 SEO

Die schönste Webseite ohne Besucher kann nicht erfolgreich sein. Daher ist es für jede Webseite - insbesondere für kommerzielle - wichtig, dass diese bei Eingabe von bestimmten Suchbegriffen in die Suchmaschine, dort auch gefunden wird. Mit Search Engine Optimization (SEO) [6] [7] lässt sich dies bewerkstelligen. Dabei sind einige wichtige Punkte beim Aufbau der Webseite zu beachten. Aussagekräftige Titel und Beschreibungen, welche eine kurze Zusammenfassung über die jeweilige Unterseite und das Thema wiedergeben sowie eine dezente Verwendung von Überschrift-Tags [8] verhelfen der Auffindbarkeit der Seite in der Suchmaschine. Die Ladezeit der Webseite, Häufigkeit der Keywords [9] im Text sowie Einzigartigkeit und Themenrelevanz des Textes sind ebenfalls ausschlaggebende Kriterien für ein erfolgreiches SEO. Der Inhalt muss vorrangig für den Besucher und nicht für die Suchmaschine geschrieben werden, denn dieser soll schließlich dem Besucher einen Mehrwert bieten.

---

[5]Ein Tag kennzeichnet Bereiche innerhalb eines Codeausschnittes
[6]Suchmaschinenoptimierung
[7][Düweke and Rabsch, 2012]
[8]h1 - h6, h1 nur einmal pro Unterseite verwenden
[9]Keyword = Schlüsselwort im Text der Unterseite

2.6 HTML Unterschiede

Hyper Text Markup Language (HTML) ist eine textbasierte Auszeichnungssprache. Die Definition wird vom W3C [10] vorgegeben. Der Aufbau von HTML ist sehr einfach gehalten, dabei sind die Unterschiede in den HTML-Versionen 4 und 5 zu beachten. HTML 4 ist der derzeitige Standard und wird von den Webbrowsern richtig dargestellt. HTML 5 mit allen Funktionen und Tags wird derzeit von den meisten Webbrowsern nicht richtig interpretiert. Auch beim derzeitigen Standard, bei Cascading Style Sheet (CSS) 2 gibt es Eigenheiten, sodass diese nicht von allen Webbrowsern richtig angezeigt werden. Meist werden die standardisierten Elemente korrekt visualisiert, die erweiterten allerdings nicht.

2.7 Rechtliches

Jede Webseite, dessen Inhaber einen Wohnsitz innerhalb Deutschland hat, muss sich an deutsches geltendes Recht halten. Nach §5 TMG [11] muss jede Webseite eines deutschen Bundesbürger ein gültiges Impressum aufweisen. Im Impressum ist der Vorname, Name, Anschrift, eine E-Mail-Adresse sowie eine zweite Kontaktmöglichkeit für kurzfristige Anfragen zu hinterlegen. Bei Unternehmen ist des Weiteren die Umsatzsteuer ID, der Handelsregistereintrag und die Aufsichtsbehörde anzugeben. Ohne ein gültiges Impressum verstößt die Webseite gegen gültiges deutsches Recht, was eine Abmahnung mit Strafzahlung zur Folge haben kann [12].

3 Aufbau der Webseite

3.1 Verwendete Hilfswerkzeuge

Für die Erstellung der Webseite wurde der Standardtexteditor des Betriebssystems verwendet. Mit diesem ist es ohne Einschränkungen möglich, HTML, CSS, Hypertext Preprocessor (PHP) und Javascript Code zu schreiben. Zur einfacheren Zusammen-

---

[10]http://www.w3.org/
[11]http://www.gesetze-im-internet.de/tmg/__5.html
[12][Wien, 2012]

arbeit und zur Versionierung der einzelnen Codezeilen wurde Git [13] als Versionsverwaltungssystem verwendet. Die Benutzung eines solchen Systems ist optional, bringt aber gerade bei mehreren Entwicklern einen erheblichen Vorteil mit sich. Das Testen der Webseite wurde mit dem Webbrowser Mozilla Firefox in der aktuellen Version 22 durchgeführt. Das Webbrowser Plug-in Firebug [14] bietet eine komfortable Möglichkeit zum Debuggen [15] von Javascript Code an. Da es teilweise erhebliche Unterschiede zwischen den verschiedenen Webbrowsern gibt, sollte eine Webseite deshalb mit verschiedenen Webbrowsern und Versionen auf unterschiedlichen Betriebssystemen getestet werden.

3.2 Verzeichnisstruktur

Eine klare Verzeichnisstruktur verhilft einer leichteren und besseren Zusammenarbeit mit mehreren Personen. Bei größeren Webseiten erhöht sich dadurch die Übersichtlichkeit bei der Weiterentwicklung und Pflege. Die Ablageorte sind klar definiert, da Bilder im Verzeichnis *images*, JavaScript-Dateien im Verzeichnis *js*, CSS-Dateien im Verzeichnis *css* und HTML Seiten im Verzeichnis *includes* abgelegt werden. Außerdem lässt sich eine einfache und klar definierte Verzeichnisstruktur leichter einprägen, was einen Zeitvorteil während der Programmierung mit sich bringt.

3.3 Menüstruktur

Die Menüstruktur wurde so gewählt, dass die wichtigen Informationen zur Reise und Unterkünfte sowie zur Buchungsmöglichkeit für die Besucher an oberster Stelle stehen. Anhand einer Heatmap [16] [17] können die ersten und die fortlaufenden Blicke und Klicks der Besucher kenntlich gemacht werden. Hierfür gibt es kostenpflichtige Hilfswerkzeuge und Anbieter, die diese Analyse vornehmen und die Ergebnisse bereitstellen.

---

[13] http://git-scm.com/
[14] http://getfirebug.com
[15] Debuggen bezeichnet den Vorgang zur Fehlersuche in Programmen
[16] Heatmap ist eine Wärmekarte und zeigt die Blicke der Besucher auf
[17] [Heatmap Analysen , 2013]

3.4 Seitenstruktur

Da eine framebasierte Seitenstruktur nicht suchmaschinenfreundlich ist und sogar rechtliche Probleme mit sich bringen kann, wurde ein Div-Layout gewählt. Die Anordnung ist klassisch. Das zentrale Navigationsmenü befindet sich links vom Inhalt. Die je nach Auflösung immer zentriert gehaltene Anordnung wird von einer statischen Fußzeile abgerundet.

4 Programteile der Webseite

4.1 PHP

PHP [18] ist eine Scriptsprache und vor allem im Webbereich sehr verbreitet. Mit dem folgenden PHP-Script wird die komplette Seite generiert, sodass nicht auf jeder Unterseite das Menü manuell erstellt und bei Änderungen angepasst werden muss. Des Weiteren ist es damit möglich für jede Unterseite einen eigenen Titel, separate Beschreibung sowie Metatags zur Suchmaschinenoptimierung anzugeben. Die Änderungen werden in der Datei index.php eingetragen und sind für die jeweils eingetragenen Unterseiten gültig [19] [20].

```
 6  switch ($_GET['seite']) {
 7      case "reiseziele": // Reiseziele
 8          $site = "include/reiseziele.php";
 9          $title = "";
10          $keywords = "";
11          $description = "";
12          break;
```

Abbildung 1: PHP Codebeispiel Definition der Meta-Elemente für die Seite Reiseziele und Einbindung dieser, Datei: index.php

---

[18] http://php.net/
[19] [Lerdorf et al., 2007]
[20] [Schlossnagle, 2006]

```
43    default: // Home Seite und alle unguelitgen Seiten
44        $site = "include/inhalt.html";
45        $title = "";
46        $keywords = "";
47        $description = "";
48        break;
49 }
```

Abbildung 2: PHP Codebeispiel Definition der Meta-Elemente für die Startseite und Einbindung dieser, Datei: index.php

4.2 HTML

HTML Anweisungen oder Texte werden innerhalb eines Containers, zwischen den sogenannten Tags geschrieben. Der Endtag unterscheidet sich vom Starttag durch einen Schrägstrich vor dem Namen. Zusätzlich können innerhalb des Starttags noch weitere Attribute angegeben werden. Im unteren gekürzten Codebeispiel der Startseite wird dies anhand des img-Tags ersichtlich. Dieser Tag ist für das Anzeigen von Bildern zuständig. Mit dem Attribut src wird der Pfad zur Bilddatei angegeben. Das Attribut alt ist ein Alternativtext, sollte das Bild nicht angezeigt werden können [21] .

```
11   <h1>Willkommen</h1>
12   <p>auf den Seiten der Firma Mega Busreisen – Max Mustermann</p>
13   <img src="images/reisen.jpg" alt="Reisen" title="Reisen" vspace="5"
         hspace="5" align="left">
14   <h2>Unser Motto: Einsteigen, Ihr Urlaub beginnt</h2>
15   <p>Getreu unserem Motto ...</p>
16   <br>
```

Abbildung 3: HTML Codebeispiel der Startseite, Datei: include/inhalt.html

---

[21][Niederst and Robbins, 2002]

4.3 CSS

Mit CSS können verschachtelte Stilvorgaben für einzelne Elemente definiert werden. Die Anweisungen werden nach dem Element innerhalb von geschweiften Klammern angegeben. Zuerst wird eine generelle Vorgabe für alle Elemente innerhalb des body-Tags festgelegt. Diese sind eine einheitliche Schriftart und Größe, sowie ein festes Hintergrundbild.

```
body {
    background-color: white;
    font-family: Arial, Helvetica, Tahoma, sans-serif;
    font-size: 16px;
    background: url(../images/background.jpg) no-repeat center fixed;
    background-size: cover;
}
#container {
    margin: 0px auto;
    width: 950px;
}
```

Abbildung 4: CSS Codebeispiel der globalen Definitionen, Datei: css/style.css

Da das Layout Div-basiert ist muss für jedes Element, welchem im HTML-Code ein eindeutiges ID-Attribut zugewiesen wurde, die Eigenschaft definiert werden. Auf das jeweilige Element können wir anhand des ID-Attribut geführt von einer Raute zugreifen. Neben der Position, Größe, Abstände sowie Farbe werden auch Schatten und Rundungen zugewiesen. Letztere werden allerdings nicht vom Internet Explorer voll unterstützt und folglich korrekt dargestellt [22].

---

[22][Meyer, 2005]

```
12 #menu {
13     float: left;
14     width: 120px;
15     height: 220px;
16     margin-right: 20px;
17     padding-top: 10px;
18     background-color: #ffffff;
19     box-shadow: 3px 3px 4px #000000;
20     background-image: url('../images/badge_yellow.gif');
21     background-repeat: no-repeat;
22     background-position: -40px -40px;
23     opacity: 0.8;
24     border-radius: 6px;
25 }
```

Abbildung 5: CSS Codebeispiel des Menüs, Datei: css/style.css

```
51 #inhalt {
52     float: left;
53     width: 780px;
54     background-color: #ffffc6;
55     padding: 0px 10px 20px 10px;
56     margin-bottom: 20px;
57     box-shadow: 3px 3px 4px #000000;
58     border-radius: 6px;
59 }
```

Abbildung 6: CSS Codebeispiel der Inhalts, Datei: css/style.css

Genauere Definitionen von CSS, sowie Beschreibungen zu den einzelnen Eigenschaften sind auf der Webseite von Selfhtml [23] zu finden. Eine weitere Möglichkeit wäre bestehende Frameworks zu verwenden. Zum Beispiel bieten YAML [24] oder Twitter Bootstrap [25] bereits fertige Vorlagen zum einfachen Aufbau einer Webseite an. Diese

---

[23] http://de.selfhtml.org
[24] http://www.yaml.de
[25] http://getbootstrap.com

Frameworks sind auch bereits für die gängigsten Webbrowser optimiert.

4.4 JavaScript

JavaScript ist kein direkter Bestandteil von HTML, sondern eine eigene Programmier-sprache. Diese Sprache wurde jedoch eigens zu dem Zweck geschaffen, HTML-Autoren ein Werkzeug in die Hand zu geben, mit dessen Hilfe sich Web-Seiten optimieren las-sen. [26]

Der JavaScript Code wurde zur besseren Übersicht in eine separate Datei ausgela-gert, kann aber genauso gut direkt in die jeweilige HTML-Seite zwischen einem Script Tag eingebunden werden. Die Schnittstelle zwischen HTML und JavaScript bilden die sogenannten Event Handler. Auf der Buchungsanfrageseite ist ein onsubmit Event Handler als Attribut definiert, welcher die Funktion checkForm() beim Absenden des Formulars aufruft und den Rückgabewert auswertet. [27]

```
<form action="" method="post" onsubmit="return checkForm()">
```

Abbildung 7: HTML Codebeispiel Buchungsformular, Datei: include/buchung.html

Die Funktion checkForm() soll die definierten Pflichtfelder Reiseziel, Vorname, Nach-name und E-Mail auf Vollständigkeit prüfen. Dazu wird zu Beginn ein leeres Array für die Fehlermeldungen definiert. Mithilfe des Document Object Model (DOM), wel-ches eine definierte Schnittstelle für den Zugriff auf HTML Objekte zur Verfügung stellt, kann den lokalen Variablen, zum vereinfachten weiteren Zugriff, die jeweiligen Pflichtfeld Objekte anhand der eindeutigen ID innerhalb des HTML Codes zugewiesen werden. Des Weiteren wird die CSS Klasse der Felder zurückgesetzt.

---

[26][SelfHtml, 2013]
[27][Wenz, 2007]

```
1   function checkForm() {
2       // Array zum Zwischenspeichern der Fehlertext definieren
3       error = new Array();
4       // Die Objekte der Pflichtfelder lokalen Variablen zuweisen
5       var reiseziel = document.getElementById('reiseziel');
6       var vorname = document.getElementById('vorname');
7       var nachname = document.getElementById('nachname');
8       var email = document.getElementById('email');
9       // CSS Klasse der Pflichtfelder zuruecksetzen
10      reiseziel.className = '';
11      vorname.className = '';
12      nachname.className = '';
13      email.className = '';
```

Abbildung 8: JavaScript Codebeispiel Buchungsformularüberprüfung, Datei: js/buchung.js

Beim Objekt *reiseziel* handelt es sich um ein Pull-down-Menü. Hier wird überprüft ob das erste Element, im HTML Code *Bitte auswählen...*, selektiert ist. Ist dies der Fall, wird dem HTML Objekt die CSS Klasse error zugewiesen und dem Fehler Array mit der Methode push der Fehlertext * *Reiseziel* an das Ende angefügt. Die Überprüfung der ID's *vorname*, sowie *nachname* und *email* (letztere nicht im Code aufgeführt) erfolgt auf einen leeren String. Ist dieser leer wird analog zu *reiseziel* die CSS Klasse *error* zugewiesen und der jeweilige Fehlertext an das Fehler Array angefügt.

```
14    // Ueberpruefen ob im Pull-down-Menue der ersten Eintrag
      ausgewaehlt ist
15    if (reiseziel.selectedIndex == 0) {
16        // Dem Element die CSS Klasse error zuweisen
17        reiseziel.className = 'error';
18        // Fehlertext an das Array anfuegen
19        error.push('* Reiseziel');
20    }
21    // Ueberpruefen ob Vorname leer ist
22    if (vorname.value == '') {
23        // Dem Element die CSS Klasse error zuweisen
24        vorname.className = 'error';
25        // Fehlertext an das Array anfuegen
26        error.push('* Vorname');
27    }
```

Abbildung 9: JavaScript Codebeispiel Buchungsformular Pflichtfeldüberprüfung, Datei: js/buchung.js

Eine einfache Validierung einer E-Mail-Adresse kann durch Überprüfung auf Vorkommen des @-Zeichen, welches ein zwingender Bestandteil jeder E-Mail-Adresse ist, erledigt werden. Da es sich hier nur um eine minimale Überprüfung handelt, sollte auf vorhandene JavaScript Frameworks zurückgegriffen werden. Solche Frameworks bieten neben vereinfachten Zugriff auf DOM Objekte auch meistens Erweiterungen [28] zur Formular Überprüfung an. Zuletzt wird die Länge des Fehler Arrays überprüft. Sind Fehler festgestellt worden, hat das Array folglich mindestens einen Eintrag und es werden die jeweiligen Fehlermeldungen in einem Pop-up Fenster ausgegeben. Die Funktion wird abgebrochen und liefert *false* als Rückgabewert zurück, welches auch den Abbruch des HTML Formulars bewirkt. Die jeweilige Aktion wird nicht mehr ausgeführt.

---

[28]`http://jqueryvalidation.org/documentation/`

```
42    // Ueberpruefen ob die Email ein @ Zeichen enthaelt
43    if (email.value.indexOf('@') == -1) {
44        // Dem Element die CSS Klasse error zuweisen
45        email.className = 'error';
46        // Fehlertext an das Array anfuegen
47        error.push('* keine g%FCltige Email');
48    }
49    // Wenn das Array Eintraege besitzt, sind Fehler aufgetaucht
50    if (error.length > 0) {
51        // Ueberschrift definieren
52        var error_header = 'Folgende Pflichtfelder sind nicht ausgef%
          FCllt:\n\n';
53        // Pop-up Fenster mit Ueberschrift und allen Fehlern
          ausgeben
54        alert(unescape(error_header + error.join('\n')));
55        // False zurueckgeben, das Formular wird abgebrochen
56        return false;
57    }
```

Abbildung 10: JavaScript Codebeispie Buchungsformular Pflichtfeldüberprüfung und Fehlerausgabe, Datei: js/buchung.js

Wurde kein Fehler gefunden, wird ein einfaches Pop-up Fenster zur Bestätigung ausgegeben. Die HTML Formular Aktion wird ausgeführt. In diesem Fall ist die Aktion leer, was bewirkt, dass das Buchungsformular wieder aufgerufen wird. Es wäre denkbar, das Formular auf ein PHP-Script zu leiten, welches eine E-Mail mit den eingegebenen Daten an eine fest hinterlegte E-Mail-Adresse sendet oder diese in eine Datenbank zur späteren Weiterverarbeitung speichert.

```
58    // Wenn kein Fehler gefunden wurde eine kurze Information
      ausgeben
59    // Hier koennte auch ein AJAX Aufruf zu einem PHP Script
      erfolgen,
60    // welches eine Email versendet oder eine Datenbank befuellt
61    alert('Vielen_Dank,_Ihre_Anfrage_wird_umgehend_bearbeitet.');
62  }
```

Abbildung 11: JavaScript Codebeispiel Buchungsformular Bestätigungausgabe, Datei: js/buchung.js

4.5 URL Rewrite

Mit URL Rewrite wird dem Webserver mitgeteilt, wie er bestimmte URLs verarbeiten soll. So ist die Umleitung von kryptischen auf sprechende URL Namen möglich. Sprechende Namen lassen sich einfacher einprägen und sind suchmaschinenfreundlicher. Bei einem Apache Webserver mit aktiviertem Rewrite Modul [29] und freigegebener AllowOverride FileInfo Direktive auf das Webverzeichnis kann dies mit einer .htaccess Datei umgesetzt werden.

```
1  RewriteEngine On
2  RewriteBase /
3  RewriteRule ^(.*).html$ index.php?seite=$1
```

Abbildung 12: .htaccess Codebeispiel zur URL Umschreibung, Datei: .htaccess

Diese Anweisungen bewirken ein Umschreiben der komplexen URL index.php?seite=impressum auf eine einfachere impressum.html. Damit die Querverweise innerhalb der Webseite auch bei nicht aktiviertem Rewrite Modul funktionieren, können diese in der index.php global aktiviert oder deaktiviert werden.

---

[29][Apache mod rewrite, 2013]

```
4  define(USE_MOD_REWRITE, true);
```

Abbildung 13: PHP Codebeispiel Konfigurationskonstante für URL Umschreibung, Datei: index.php

4.6   Social Media Integration

Social Media bringt neben kostenloser Werbung auch einen erheblichen Akzeptanz-vorteil bei der jugendlichen Zielgruppe mit sich. Facebook bietet eine einfache Mög-lichkeit einen sogenannten Like-Button in die eigene Webseite zu integrieren. Auf der Entwickler Webseite [30] kann ein individueller Codeblock generiert und nach den eige-nen Wünschen angepasst werden.

5   Bewertung

5.1   Zusammenfassung

Zusammenfassend lässt sich feststellen, dass eine Webseite durchaus ohne professio-nelle Hilfswerkzeuge und trotzdem ohne Restriktionen im Funktionsumfang erstellt werden kann. Ganz ohne grundlegende Hilfswerkzeuge kommt man allerdings nicht aus. Für die Pflege der Webseite sind professionelle Hilfswerkzeuge, vor allem für Personen ohne Programmierkenntnisse, von Vorteil. In jedem Fall sollte ein CMS ver-wendet werden. Bei dessen Verwendung kann sich ein erheblicher Zeitvorteil bei der Erstellung und Pflege der Webseite ergeben.

5.2   Kritische Würdigung

Die Webseite konnte mittels HTML, CSS, PHP und JavaScript sowie mit unterstützen-den Hilfswerkzeugen gemäß dem W3C Standard erstellt und implementiert werden. Allerdings konnten nicht alle notwendigen Funktionen die für ein Reiseunternehmen von Bedeutung sind, umgesetzt werden. Dies würde zum einen mehr Zeit benötigen

---

[30][Facebook Developers, 2013]

und zum anderen wären professionelle Hilfswerkzeuge, wie eine Datenbank und ein CMS notwendig. SEO konnte nur rudimentär angewendet werden, da dieser Bereich sehr komplex, zeitaufwendig und teilweise äußerst kostspielig ist.

5.3 Ausblick

Für die leichtere Verwaltung, Pflege und Erweiterung der Webseite von Inhalt und Funktionen wird ein CMS mit einer Datenbank empfohlen. Damit lassen sich die Inhalte auch von Personen pflegen, die keine HTML und CSS Kenntnisse haben. Vor allem aber können damit weitere Funktionen, die für ein Reiseunternehmen wichtig sind, erfolgreich umgesetzt werden. Durch das CMS können mehrere Personen gleichzeitig an der Webseite arbeiten. Das passende CMS ermöglicht eine schnellere und leichtere Erweiterung von Funktionen mittels Plug-ins, die nicht programmiert werden müssen, da diese bereits vorhanden sind, woraus sich ein Zeitvorteil ergibt. Eine bessere Vermarktung der Webseite im Internet lässt sich durch SEO bewerkstelligen.

5.4 Erfolgsfaktoren

Die Erfolgsfaktoren sind anhand von Ergebnissen in der Suchmaschine sowie der Funktionsfähigkeit der Buchungsmöglichkeit ersichtlich. Der Code ist W3C konform, was mit dem vom W3C bereitgestellten Validator [31] überprüft wurde. Dadurch ist die maximale Kompatibilität zwischen den unterschiedlichen Webbrowsern gewährleistet.

---

[31]`http://validator.w3.org/`

Literaturverzeichnis

[Apache mod rewrite, 2013] Apache mod rewrite (2013). Abruf am 31.07.2013. `http://httpd.apache.org/docs/2.2/mod/mod_rewrite.html`.

[Düweke and Rabsch, 2012] Düweke, E. and Rabsch, S. (2012). *Erfolgreiche Websites - SEO, SEM, Online-Marketing, Usability*. Galileo Press GmbH, Bonn, 2. aufl. edition.

[Ergonomie, 2013] Ergonomie (2013). Abruf am 29.07.2013. `http://lehrerfortbildung-bw.de/werkstatt/websites/3benutzerfuehrung/ergonomie.htm`.

[Facebook Developers, 2013] Facebook Developers (2013). Abruf am 31.07.2013. `https://developers.facebook.com/docs/reference/plugins/like/`.

[Gabler Wirtschaftslexikon AIDA-Regel, 2013] Gabler Wirtschaftslexikon AIDA-Regel (2013). Abruf am 25.07.2013. `http://wirtschaftslexikon.gabler.de/Definition/aida-regel.html`.

[Heatmap Analysen , 2013] Heatmap Analysen (2013). Abruf am 11.08.2013. `http://www.couchtools.com/landing-page-optimierung/heatmap-analysen-benefits-tools/`.

[HTML 5, 2013] HTML 5 (2013). Abruf am 31.07.2013. `http://www.w3schools.com/html/html5_intro.asp`.

[Kester, 2006] Kester, M. (2006). *Affiliate-Marketing für B2C-Online-Shops - Grundlagen, Methoden und Ausprägungen in der Praxis*. BoD – Books on Demand, Norderstedt, 1. aufl. edition.

[Lerdorf et al., 2007] Lerdorf, R., Tatroe, K., MacIntyre, P., Schulten, L., and Klicman, P. (2007). *Programmieren mit PHP -*. O'Reilly Germany, Köln, 2. überarb. u. vollst. aktualis. a. edition.

[Meyer, 2005] Meyer, E. A. (2005). *CSS - kurz und gut*. O'Reilly Germany, Köln, 2. aufl. edition.

[Niederst and Robbins, 2002] Niederst, J. R. and Robbins, J. N. (2002). *HTML - kurz und gut*. O'Reilly Germany, Köln.

[Schlossnagle, 2006] Schlossnagle, G. (2006). *Professionelle PHP 5-Programmierung -*. Pearson Deutschland GmbH, München, 1. aufl. edition.

[SelfHtml, 2013] SelfHtml (2013). Abruf am 23.07.2013. http://de.selfhtml.org.

[SEO, 2013a] SEO (2013a). Abruf am 26.07.2013. http://www.seo-united.de/.

[SEO, 2013b] SEO (2013b). Abruf am 26.07.2013. https://support.google.com/webmasters/answer/35291?hl=de.

[Usability, 2013] Usability (2013). Abruf am 29.07.2013. http://www.webhelps.de/blog/2010/07/23/website-usability-checkliste/.

[Wenz, 2007] Wenz, C. (2007). *JavaScript und AJAX - das umfassende Handbuch ; [Einführung, Praxis, Referenz ; browserübergreifende Lösungen ; Web 2.0: DOM, CSS, XML, Web Services ; DVD-ROM mit Video-Lektionen zu JavaScript]*. Galileo Press, Bonn, 7. aufl. edition.

[Wien, 2012] Wien, A. (2012). *Internetrecht - Eine Praxisorientierte Einführung*. Springer DE, Berlin.